宣传贯彻

反有组织犯罪法

中国长安出版传媒有限公司
中 国 长 安 出 版 社

图书在版编目（CIP）数据

宣传贯彻《反有组织犯罪法》/— 北京：中国长安出版传媒有限公司，2022.8
ISBN 978-7-5107-1079-7

Ⅰ. ①宣… Ⅱ. Ⅲ. ①反有组织犯罪法—中国 Ⅳ. ① D922.14

中国版本图书馆 CIP 数据核字（2021）第 240067 号

宣传贯彻《反有组织犯罪法》

出版发行 中国长安出版传媒有限公司 中国长安出版社
社　　址 北京市东城区北池子大街 14 号（100006）
网　　址 http://www.ccapress.com
邮　　箱 capress@163.com
责任编辑 刘英雪　李　涛
发行电话 （010）66529988-1319/1318
印　　刷 唐山玺诚印务有限公司
开　　本 890 毫米 × 1240 毫米　1/64
印　　张 2.25
字　　数 50 千字
版　　次 2022 年 8 月第 1 版
印　　次 2022 年 8 月第 1 次印刷

书　　号 ISBN 978-7-5107-1079-7
定　　价 12.00 元

要继续依法打击破坏社会秩序的违法犯罪行为，特别是要推动扫黑除恶常态化，持之以恒、坚定不移打击黑恶势力及其保护伞，让城乡更安宁、群众更安乐。

——习近平总书记在中央全面依法治国工作会议上的讲话

（2020年11月16日）

要推动扫黑除恶常态化，坚决打击黑恶势力及“保护伞”，决不让其再祸害百姓。

——习近平总书记在中国共产党第十九届中央纪律检查委员会第五次全体会议上的讲话（2021年1月22日）

推动扫黑除恶常态化，严厉打击各类违法犯罪活动，提升打击新型网络犯罪和跨国跨区域犯罪能力。

——《中华人民共和国国民经济和社会发展第十四个五年规划和二〇三五年远景目标纲要》（2021年3月11日）

目　　录

附　　录

中华人民共和国主席令

第一〇一号

《中华人民共和国反有组织犯罪法》已由中华人民共和国第十三届全国人民代表大会常务委员会第三十二次会议于2021年12月24日通过，现予公布，自2022年5月1日起施行。

中华人民共和国主席　习近平

2021年12月24日

中华人民共和国反有组织犯罪法

（2021 年 12 月 24 日第十三届
全国人民代表大会常务委员会
第三十二次会议通过）

目　　录

第一章　总　　则

第一条　为了预防和惩治有组织犯罪，加强和规范反有组织犯罪工作，维护国家安全、社会秩序、经济秩序，保护公民和组织的合法权益，根据宪法，制定本法。

第二条　本法所称有组织犯罪，是指《中华人民共和国刑法》第二百九十四条规定的组织、领导、参加黑社会性质组织犯罪，以及黑社会性质组织、恶势力组织实施的犯罪。

本法所称恶势力组织，是指经常纠集在一起，以暴力、威胁或者其他手段，在一定区域或者行业领域内多次实施违法犯罪活动，为非作恶，欺压群众，扰乱社会秩序、经济秩序，造成较为恶劣的社会影响，但尚未形成黑社会性质组织的犯罪组织。

境外的黑社会组织到中华人民共和国境内发展组织成员、实施犯罪，以及在境外对中华人民共和国国家或者公民犯罪的，适用本法。

第三条 反有组织犯罪工作应当坚持总体国家安全观，综合运用法律、经济、科技、文化、教育等手段，建立健全反有组织犯罪工作机制和有组织犯罪预防治理体系。

第四条 反有组织犯罪工作应当坚持专门工作与群众路线相结合，坚持专项治理与系统治理相结合，坚持与反腐败相结合，坚持与加强基层组织建设相结合，惩防并举、标本兼治。

第五条 反有组织犯罪工作应当依法进行，尊重和保障人权，维护公民和组织的合法权益。

第六条 监察机关、人民法院、人民检察院、公安机关、司法行政机关以及其他有关国家机关，应当根据分工，互相配合，互相制约，依法做好反有组织犯罪工作。

有关部门应当动员、依靠村民委员会、居民委员会、企业事业单位、社会组织，共同开展反有组织犯罪工作。

第七条 任何单位和个人都有协助、配合有关部门开展反有组织犯罪工作的义务。

国家依法对协助、配合反有组织犯罪工作的单位和个人给予保护。

第八条 国家鼓励单位和个人举报有组织犯罪。

对举报有组织犯罪或者在反有组织犯罪工作中作出突出贡献的单位和个人，按照国家有关规定给予表彰、奖励。

第二章　预防和治理

第九条　各级人民政府和有关部门应当依法组织开展有组织犯罪预防和治理工作，将有组织犯罪预防和治理工作纳入考评体系。

村民委员会、居民委员会应当协助人民政府以及有关部门开展有组织犯罪预防和治理工作。

第十条　承担有组织犯罪预防和治理职责的部门应当开展反有组织犯罪宣传教育，增强公民的反有组织犯罪意识和能力。

监察机关、人民法院、人民检察

院、公安机关、司法行政机关应当通过普法宣传、以案释法等方式，开展反有组织犯罪宣传教育。

新闻、广播、电视、文化、互联网信息服务等单位，应当有针对性地面向社会开展反有组织犯罪宣传教育。

第十一条 教育行政部门、学校应当会同有关部门建立防范有组织犯罪侵害校园工作机制，加强反有组织犯罪宣传教育，增强学生防范有组织犯罪的意识，教育引导学生自觉抵制有组织犯罪，防范有组织犯罪的侵害。

学校发现有组织犯罪侵害学生人身、财产安全，妨害校园及周边秩序的，有组织犯罪组织在学生中发展成员的，或者学生参加有组织犯罪活动的，应当及时制止，采取防范措施，并向公安机关和教育行政部门报告。

第十二条 民政部门应当会同监察机关、公安机关等有关部门，对村民委员会、居民委员会成员候选人资格进行审查，发现因实施有组织犯罪受过刑事处罚的，应当依照有关规定及时作出处理；发现有组织犯罪线索的，应当及时向公安机关报告。

第十三条 市场监管、金融监管、自然资源、交通运输等行业主管部门应当会同公安机关，建立健全行业有组织犯罪预防和治理长效机制，对相关行业领域内有组织犯罪情况进行监测分析，对有组织犯罪易发的行业领域加强监督管理。

第十四条 监察机关、人民法院、人民检察院、公安机关在办理案件中发现行业主管部门有组织犯罪预防和治理工作存在问题的，可以书面向相关行业主管部门提出意见建议。相关行业主管部门应当及时处理并书面反馈。

第十五条 公安机关可以会同有关部门根据本地有组织犯罪情况，确定预防和治理的重点区域、行业领域或者场所。

重点区域、行业领域或者场所的

管理单位应当采取有效措施，加强管理，并及时将工作情况向公安机关反馈。

第十六条 电信业务经营者、互联网服务提供者应当依法履行网络信息安全管理义务，采取安全技术防范措施，防止含有宣扬、诱导有组织犯罪内容的信息传播；发现含有宣扬、诱导有组织犯罪内容的信息的，应当立即停止传输，采取消除等处置措施，保存相关记录，并向公安机关或者有关部门报告，依法为公安机关侦查有组织犯罪提供技术支持和协助。

网信、电信、公安等主管部门对含有宣扬、诱导有组织犯罪内容的信息，应当按照职责分工，及时责令有关单位停止传输、采取消除等处置措施，或者下架相关应用、关闭相关网站、关停相关服务。有关单位应当立即执行，并保存相关记录，协助调查。对互联网上来源于境外的上述信息，电信主管部门应当采取技术措施，及时阻断传播。

第十七条 国务院反洗钱行政主管部门、国务院其他有关部门、机构应当督促金融机构和特定非金融机构履行反洗钱义务。发现与有组织犯罪有关的可疑交易活动的，有关主管部门可以依法进行调查，经调查不能排除洗钱嫌疑的，应当及时向公安机关报案。

第十八条 监狱、看守所、社区矫正机构对有组织犯罪的罪犯，应当采取有针对性的监管、教育、矫正措施。

有组织犯罪的罪犯刑满释放后，司法行政机关应当会同有关部门落实安置帮教等必要措施，促进其顺利融入社会。

第十九条 对因组织、领导黑社会性质组织被判处刑罚的人员，设区的市级以上公安机关可以决定其自刑罚执行完毕之日起，按照国家有关规定向公安机关报告个人财产及日常活动。报告期限不超过五年。

第二十条 曾被判处刑罚的黑社会性质组织的组织者、领导者或者恶势力组织的首要分子开办企业或者在企业中担任高级管理人员的，相关行业主管部门应当依法审查，对其经营活动加强监督管理。

第二十一条 移民管理、海关、海警等部门应当会同公安机关严密防范境外的黑社会组织入境渗透、发展、实施违法犯罪活动。

出入境证件签发机关、移民管理机构对境外的黑社会组织的人员，有权决定不准其入境、不予签发入境证件或者宣布其入境证件作废。

移民管理、海关、海警等部门发

现境外的黑社会组织的人员入境的，应当及时通知公安机关。发现相关人员涉嫌违反我国法律或者发现涉嫌有组织犯罪物品的，应当依法扣留并及时处理。

第三章　案件办理

第二十二条　办理有组织犯罪案件，应当以事实为根据，以法律为准绳，坚持宽严相济。

对有组织犯罪的组织者、领导者和骨干成员，应当严格掌握取保候审、不起诉、缓刑、减刑、假释和暂予监外执行的适用条件，充分适用剥夺政治权利、没收财产、罚金等刑罚。

有组织犯罪的犯罪嫌疑人、被告人自愿如实供述自己的罪行，承认指控的犯罪事实，愿意接受处罚的，可以依法从宽处理。

第二十三条 利用网络实施的犯罪，符合本法第二条规定的，应当认定为有组织犯罪。

为谋取非法利益或者形成非法影响，有组织地进行滋扰、纠缠、哄闹、聚众造势等，对他人形成心理强制，足以限制人身自由、危及人身财产安全，影响正常社会秩序、经济秩序的，可以认定为有组织犯罪的犯罪手段。

第二十四条 公安机关应当依法运用现代信息技术，建立有组织犯罪线索收集和研判机制，分级分类进行处置。

公安机关接到对有组织犯罪的报案、控告、举报后，应当及时开展统计、分析、研判工作，组织核查或者移送有关主管机关依法处理。

第二十五条 有关国家机关在履行职责时发现有组织犯罪线索，或者接到对有组织犯罪的举报的，应当及时移送公安机关等主管机关依法处理。

第二十六条 公安机关核查有组织犯罪线索，可以按照国家有关规定采取调查措施。公安机关向有关单位和个人收集、调取相关信息和材料的，有关单位和个人应当如实提供。

第二十七条 公安机关核查有组织犯罪线索，经县级以上公安机关负责人批准，可以查询嫌疑人员的存款、汇款、债券、股票、基金份额等财产信息。

公安机关核查黑社会性质组织犯罪线索，发现涉案财产有灭失、转移的紧急风险的，经设区的市级以上公安机关负责人批准，可以对有关涉案财产采取紧急止付或者临时冻结、临时扣押的紧急措施，期限不得超过四十八小时。期限届满或者适用紧急措施的情形消失的，应当立即解除紧急措施。

第二十八条　公安机关核查有组织犯罪线索，发现犯罪事实或者犯罪嫌疑人的，应当依照《中华人民共和国刑事诉讼法》的规定立案侦查。

第二十九条　公安机关办理有组织犯罪案件，可以依照《中华人民共和国出境入境管理法》的规定，决定对犯罪嫌疑人采取限制出境措施，通知移民管理机构执行。

第三十条　对有组织犯罪案件的犯罪嫌疑人、被告人，根据办理案件和维护监管秩序的需要，可以采取异地羁押、分别羁押或者单独羁押等措施。采取异地羁押措施的，应当依法通知犯罪嫌疑人、被告人的家属和辩护人。

第三十一条 公安机关在立案后，根据侦查犯罪的需要，依照《中华人民共和国刑事诉讼法》的规定，可以采取技术侦查措施、实施控制下交付或者由有关人员隐匿身份进行侦查。

第三十二条 犯罪嫌疑人、被告人检举、揭发重大犯罪的其他共同犯罪人或者提供侦破重大案件的重要线索或者证据，同案处理可能导致其本人或者近亲属有人身危险的，可以分案处理。

第三十三条 犯罪嫌疑人、被告人积极配合有组织犯罪案件的侦查、起诉、审判等工作，有下列情形之一的，可以依法从宽处罚，但对有组织犯罪的组织者、领导者应当严格适用：

（一）为查明犯罪组织的组织结构及其组织者、领导者、首要分子的地位、作用提供重要线索或者证据的；

（二）为查明犯罪组织实施的重大犯罪提供重要线索或者证据的；

（三）为查处国家工作人员涉有组织犯罪提供重要线索或者证据的；

（四）协助追缴、没收尚未掌握

的赃款赃物的；

（五）其他为查办有组织犯罪案件提供重要线索或者证据的情形。

对参加有组织犯罪组织的犯罪嫌疑人、被告人不起诉或者免予刑事处罚的，可以根据案件的不同情况，依法予以训诫、责令具结悔过、赔礼道歉、赔偿损失，或者由主管部门予以行政处罚或者处分。

第三十四条 对黑社会性质组织的组织者、领导者，应当依法并处没收财产。对其他组织成员，根据其在犯罪组织中的地位、作用以及所参与违法犯罪活动的次数、性质、违法所得数额、造成的损失等，可以依法并处罚金或者没收财产。

第三十五条 对有组织犯罪的罪犯，执行机关应当依法从严管理。

黑社会性质组织的组织者、领导者或者恶势力组织的首要分子被判处十年以上有期徒刑、无期徒刑、死刑缓期二年执行的，应当跨省、自治区、直辖市异地执行刑罚。

第三十六条 对被判处十年以上有期徒刑、无期徒刑、死刑缓期二年执行的黑社会性质组织的组织者、领导者或者恶势力组织的首要分子减刑的，执行机关应当依法提出减刑建议，报经省、自治区、直辖市监狱管理机关复核后，提请人民法院裁定。

对黑社会性质组织的组织者、领导者或者恶势力组织的首要分子假释的，适用前款规定的程序。

第三十七条 人民法院审理黑社会性质组织犯罪罪犯的减刑、假释案件，应当通知人民检察院、执行机关参加审理，并通知被报请减刑、假释的罪犯参加，听取其意见。

第三十八条 执行机关提出减刑、假释建议以及人民法院审理减刑、假释案件，应当充分考虑罪犯履行生效裁判中财产性判项、配合处置涉案财产等情况。

第四章 涉案财产认定和处置

第三十九条 办理有组织犯罪案

件中发现的可用以证明犯罪嫌疑人、被告人有罪或者无罪的各种财物、文件，应当依法查封、扣押。

公安机关、人民检察院、人民法院可以依照《中华人民共和国刑事诉讼法》的规定查询、冻结犯罪嫌疑人、被告人的存款、汇款、债券、股票、基金份额等财产。有关单位和个人应当配合。

第四十条　公安机关、人民检察院、人民法院根据办理有组织犯罪案件的需要，可以全面调查涉嫌有组织犯罪的组织及其成员的财产状况。

第四十一条　查封、扣押、冻结、处置涉案财物，应当严格依照法定条件和程序进行，依法保护公民和组织的合法财产权益，严格区分违法所得与合法财产、本人财产与其家属的财产，减少对企业正常经营活动的不利影响。不得查封、扣押、冻结与案件无关的财物。经查明确实与案件无关的财物，应当在三日以内解除查封、扣押、冻结，予以退还。对被害人的合法财产，应当及时返还。

查封、扣押、冻结涉案财物，应当为犯罪嫌疑人、被告人及其扶养的家属保留必需的生活费用和物品。

第四十二条 公安机关可以向反洗钱行政主管部门查询与有组织犯罪相关的信息数据，提请协查与有组织犯罪相关的可疑交易活动，反洗钱行政主管部门应当予以配合并及时回复。

第四十三条 对下列财产，经县级以上公安机关、人民检察院或者人民法院主要负责人批准，可以依法先行出售、变现或者变卖、拍卖，所得价款由扣押、冻结机关保管，并及时告知犯罪嫌疑人、被告人或者其近亲属：

（一）易损毁、灭失、变质等不宜长期保存的物品；

（二）有效期即将届满的汇票、本票、支票等；

（三）债券、股票、基金份额等

财产，经权利人申请，出售不损害国家利益、被害人利益，不影响诉讼正常进行的。

第四十四条 公安机关、人民检察院应当对涉案财产审查甄别。在移送审查起诉、提起公诉时，应当对涉案财产提出处理意见。

在审理有组织犯罪案件过程中，应当对与涉案财产的性质、权属有关的事实、证据进行法庭调查、辩论。人民法院应当依法作出判决，对涉案财产作出处理。

第四十五条 有组织犯罪组织及其成员违法所得的一切财物及其孳息、收益，违禁品和供犯罪所用的本人财物，应当依法予以追缴、没收或者责令退赔。

依法应当追缴、没收的涉案财产无法找到、灭失或者与其他合法财产混合且不可分割的，可以追缴、没收其他等值财产或者混合财产中的等值部分。

被告人实施黑社会性质组织犯罪的定罪量刑事实已经查清，有证据证明其在犯罪期间获得的财产高度可能属于黑社会性质组织犯罪的违法所得及其孳息、收益，被告人不能说明财产合法来源的，应当依法予以追缴、没收。

第四十六条　涉案财产符合下列

情形之一的，应当依法予以追缴、没收：

（一）为支持或者资助有组织犯罪活动而提供给有组织犯罪组织及其成员的财产；

（二）有组织犯罪组织成员的家庭财产中实际用于支持有组织犯罪活动的部分；

（三）利用有组织犯罪组织及其成员的违法犯罪活动获得的财产及其孳息、收益。

第四十七条 黑社会性质组织犯罪案件的犯罪嫌疑人、被告人逃匿，在通缉一年后不能到案，或者犯罪嫌疑人、被告人死亡，依照《中华人民共和国刑法》规定应当追缴其违法所得及其他涉案财产的，依照《中华人民共和国刑事诉讼法》有关犯罪嫌疑人、被告人逃匿、死亡案件违法所得的没收程序的规定办理。

第四十八条 监察机关、公安机关、人民检察院发现与有组织犯罪相关的洗钱以及掩饰、隐瞒犯罪所得、犯罪所得收益等犯罪的，应当依法查处。

第四十九条 利害关系人对查封、扣押、冻结、处置涉案财物提出异议的，公安机关、人民检察院、人民法院应当及时予以核实，听取其意见，依法作出处理。

公安机关、人民检察院、人民法院对涉案财物作出处理后，利害关系人对处理不服的，可以提出申诉或者控告。

第五章　国家工作人员涉有组织犯罪的处理

第五十条　国家工作人员有下列行为的，应当全面调查，依法作出处理：

（一）组织、领导、参加有组织犯罪活动的；

（二）为有组织犯罪组织及其犯罪活动提供帮助的；

（三）包庇有组织犯罪组织、纵

容有组织犯罪活动的；

（四）在查办有组织犯罪案件工作中失职渎职的；

（五）利用职权或者职务上的影响干预反有组织犯罪工作的；

（六）其他涉有组织犯罪的违法犯罪行为。

国家工作人员组织、领导、参加有组织犯罪的，应当依法从重处罚。

第五十一条 监察机关、人民法院、人民检察院、公安机关、司法行政机关应当加强协作配合，建立线索办理沟通机制，发现国家工作人员涉嫌本法第五十条规定的违法犯罪的线索，应当依法处理或者及时移送主管机关处理。

任何单位和个人发现国家工作人员与有组织犯罪有关的违法犯罪行为，有权向监察机关、人民检察院、公安机关等部门报案、控告、举报。有关部门接到报案、控告、举报后，应当及时处理。

第五十二条 依法查办有组织犯罪案件或者依照职责支持、协助查办有组织犯罪案件的国家工作人员，不得有下列行为：

（一）接到报案、控告、举报不受理，发现犯罪信息、线索隐瞒不报、不如实报告，或者未经批准、授权擅自处置、不移送犯罪线索、涉案材料；

（二）向违法犯罪人员通风报信，阻碍案件查处；

（三）违背事实和法律处理案件；

（四）违反规定查封、扣押、冻结、处置涉案财物；

（五）其他滥用职权、玩忽职守、徇私舞弊的行为。

第五十三条 有关机关接到对从事反有组织犯罪工作的执法、司法工作人员的举报后，应当依法处理，防止犯罪嫌疑人、被告人等利用举报干扰办案、打击报复。

对利用举报等方式歪曲捏造事实，诬告陷害从事反有组织犯罪工作的执法、司法工作人员的，应当依法追究责任；造成不良影响的，应当按照规定及时澄清事实，恢复名誉，消除不良影响。

第六章　国际合作

第五十四条　中华人民共和国根据缔结或者参加的国际条约，或者按照平等互惠原则，与其他国家、地区、国际组织开展反有组织犯罪合作。

第五十五条　国务院有关部门根据国务院授权，代表中国政府与外国政府和有关国际组织开展反有组织犯罪情报信息交流和执法合作。

国务院公安部门应当加强跨境反有组织犯罪警务合作，推动与有关国家和地区建立警务合作机制。经国务院公安部门批准，边境地区公安机关可以与相邻国家或者地区执法机构建立跨境有组织犯罪情报信息交流和警务合作机制。

第五十六条 涉及有组织犯罪的刑事司法协助、引渡，依照有关法律的规定办理。

第五十七条 通过反有组织犯罪国际合作取得的材料可以在行政处罚、刑事诉讼中作为证据使用，但依据条约规定或者我方承诺不作为证据使用的除外。

第七章　保障措施

第五十八条　国家为反有组织犯罪工作提供必要的组织保障、制度保障和物质保障。

第五十九条　公安机关和有关部门应当依照职责，建立健全反有组织犯罪专业力量，加强人才队伍建设和专业训练，提升反有组织犯罪工作能力。

第六十条　国务院和县级以上地方各级人民政府应当按照事权划分，将反有组织犯罪工作经费列入本级财政预算。

第六十一条　因举报、控告和制

止有组织犯罪活动，在有组织犯罪案件中作证，本人或者其近亲属的人身安全面临危险的，公安机关、人民检察院、人民法院应当按照有关规定，采取下列一项或者多项保护措施：

（一）不公开真实姓名、住址和工作单位等个人信息；

（二）采取不暴露外貌、真实声音等出庭作证措施；

（三）禁止特定的人接触被保护人员；

（四）对人身和住宅采取专门性保护措施；

（五）变更被保护人员的身份，重新安排住所和工作单位；

（六）其他必要的保护措施。

第六十二条 采取本法第六十一条第三项、第四项规定的保护措施，由公安机关执行。根据本法第六十一条第五项规定，变更被保护人员身份的，由国务院公安部门批准和组织实施。

公安机关、人民检察院、人民法院依法采取保护措施，有关单位和个人应当配合。

第六十三条 实施有组织犯罪的人员配合侦查、起诉、审判等工作，对侦破案件或者查明案件事实起到重要作用的，可以参照证人保护的规定执行。

第六十四条　对办理有组织犯罪案件的执法、司法工作人员及其近亲属，可以采取人身保护、禁止特定的人接触等保护措施。

第六十五条　对因履行反有组织犯罪工作职责或者协助、配合有关部门开展反有组织犯罪工作导致伤残或者死亡的人员，按照国家有关规定给予相应的待遇。

第八章　法律责任

第六十六条　组织、领导、参加黑社会性质组织，国家机关工作人员包庇、纵容黑社会性质组织，以及黑社会性质组织、恶势力组织实施犯罪的，依法追究刑事责任。

境外的黑社会组织的人员到中华人民共和国境内发展组织成员、实施犯罪，以及在境外对中华人民共和国国家或者公民犯罪的，依法追究刑事责任。

第六十七条 发展未成年人参加黑社会性质组织、境外的黑社会组织，教唆、诱骗未成年人实施有组织犯罪，或者实施有组织犯罪侵害未成年人合法权益的，依法从重追究刑事责任。

第六十八条 对有组织犯罪的罪犯，人民法院可以依照《中华人民共和国刑法》有关从业禁止的规定，禁止其从事相关职业，并通报相关行业主管部门。

第六十九条 有下列情形之一，尚不构成犯罪的，由公安机关处五日以上十日以下拘留，可以并处一万元以下罚款；情节较重的，处十日以上十五日以下拘留，并处一万元以上三万元以下罚款；有违法所得的，除依法应当返还被害人的以外，应当予以没收：

（一）参加境外的黑社会组织的；

（二）积极参加恶势力组织的；

（三）教唆、诱骗他人参加有组织犯罪组织，或者阻止他人退出有组织犯罪组织的；

（四）为有组织犯罪活动提供资金、场所等支持、协助、便利的；

（五）阻止他人检举揭发有组织犯罪、提供有组织犯罪证据，或者明知他人有有组织犯罪行为，在司法机关向其调查有关情况、收集有关证据时拒绝提供的。

教唆、诱骗未成年人参加有组织犯罪组织或者阻止未成年人退出有组织犯罪组织，尚不构成犯罪的，依照前款规定从重处罚。

第七十条 违反本法第十九条规定，不按照公安机关的决定如实报告个人财产及日常活动的，由公安机关给予警告，并责令改正；拒不改正的，处五日以上十日以下拘留，并处三万元以下罚款。

第七十一条 金融机构等相关单位未依照本法第二十七条规定协助公安机关采取紧急止付、临时冻结措施的，由公安机关责令改正；拒不改正的，由公安机关处五万元以上二十万元以下罚款，并对直接负责的主管人员和其他直接责任人员处五万元以下罚款；情节严重的，公安机关可以建议有关主管部门对直接负责的主管人员和其他直接责任人员依法给予处分。

第七十二条 电信业务经营者、互联网服务提供者有下列情形之一的，由有关主管部门责令改正；拒不改正或者情节严重的，由有关主管部门依照《中华人民共和国网络安全法》的有关规定给予处罚：

（一）拒不为侦查有组织犯罪提供技术支持和协助的；

（二）不按照主管部门的要求对含有宣扬、诱导有组织犯罪内容的信息停止传输、采取消除等处置措施、保存相关记录的。

第七十三条 有关国家机关、行业主管部门拒不履行或者拖延履行反有组织犯罪法定职责，或者拒不配合反有组织犯罪调查取证，或者在其他工作中滥用反有组织犯罪工作有关措施的，由其上级机关责令改正；情节严重的，对负有责任的领导人员和直接责任人员，依法给予处分；构成犯罪的，依法追究刑事责任。

第七十四条　有关部门和单位、个人应当对在反有组织犯罪工作过程中知悉的国家秘密、商业秘密和个人隐私予以保密。违反规定泄露国家秘密、商业秘密和个人隐私的，依法追究法律责任。

第七十五条　国家工作人员有本法第五十条、第五十二条规定的行为，构成犯罪的，依法追究刑事责任；尚不构成犯罪的，依法给予处分。

第七十六条 有关单位和个人对依照本法作出的行政处罚和行政强制措施决定不服的，可以依法申请行政复议或者提起行政诉讼。

第九章 附 则

第七十七条 本法自 2022 年 5 月 1 日起施行。

附

关于《中华人民共和国反有组织犯罪法（草案）》的说明

——2020 年 12 月 22 日在第十三届全国人民代表大会常务委员会第二十四次会议上

全国人大常委会法制工作委员会副主任

李　宁

全国人民代表大会常务委员会：

我受委员长会议委托，作关于《中

华人民共和国反有组织犯罪法（草案）》的说明。

一、制定反有组织犯罪法的必要性和起草过程

新中国成立后，党和政府采取高压严打政策，彻底清除了旧中国遗留下来的黑恶势力。改革开放以来，受多方面因素影响，黑恶势力在一些地方又沉渣泛起。1997 年刑法规定了组织、领导、参加黑社会性质组织罪。此后，根据实践需要，立法和司法机关通过刑法修正案、法律解释、司法解释等形式，对相关规定作了完善。扫黑除恶专项斗争开展以来，针对司法实践中的新情况、新问题，全国扫黑除恶专项斗争领导小组

办公室协调中央纪委国家监委和中央政法单位发布了依法办理恶势力、“套路贷”刑事案件的规定等10个法律政策文件。从总体上看，我国现有反有组织犯罪的法律制度虽具备一定规模，但仍比较分散、未成体系，部分文件效力位阶低，防范、治理和保障等相关法律规定比较缺乏，有必要在现有法律规定的基础上，制定一部专门的反有组织犯罪法。

按照党中央部署，全国人大常委会将制定反有组织犯罪法列入了2020年度立法工作计划，中央政法委牵头，公安部具体负责，成立了起草工作领导小组和工作专班。起草过程中，多次征求中央纪委国家监委、中央组织部、中央宣传部等23家全国扫黑除恶专项斗争领导小组成员单位和全国人大常委会法工委的意见，同时向各地各有关部门特别是基层执法部门和一线政法干警征求了意见。在总结实践经验、深入调查研究、广泛听取意见、开展专题论证、反复讨论修改的基础上，形成了草案。

二、起草工作的总体思路

起草工作坚持以习近平新时代中国特色社会主义思想为指导，认真贯彻落实习近平法治思想和以习近平同志为核心的党中央关于扫黑除恶的决策部署，依照宪法、刑法、刑事诉讼法等有关法律规定，系统总结扫黑除恶专项斗争实践经验，推动扫黑除恶工作机制化、常态化开展，提升扫黑除恶工作法治化、规范化、专业化水平，为遏制有组织犯罪滋生蔓延、推进国家治理体系和治理能力现代化提供法治保障。

起草过程中，重点把握了以下原则：一是坚持法治思维。深入把握有组织犯罪规律特点，坚持打击与预防相结合、实体与程序相结合、权力与责任相结合。二是坚持问题导向。聚焦有组织犯罪新动向，对法律规定不明确、法律适用不统一、依法惩治不精准等问题作出相应规定。三是坚持统一协调。妥善处理与刑法、刑事诉讼法及其他法律、现行规范性文件的关系，切实维护法律体系的统一性、协调性。四是从国情和实际出发，广泛听取各方面意见特别是基层的意见建议，合理借鉴境外有益经验。

三、草案的主要内容

草案共10章83条，主要规定了五个方面的内容：

（一）将党中央决策部署转化为法律，写入总则

一是规定了立法宗旨、指导思想、基本原则。二是规定了有组织犯罪概念。将有组织犯罪限定为组织、领导、参加黑社会性质组织犯罪，以及黑社会性质组织、境外黑社会组织、恶势力组织实施的具体犯罪。此外，将恶势力组

织上升为法律概念，规定了信息网络有组织犯罪的认定标准。

（二）突出防治要求和责任

一是规定了预防政策和预防主体。草案明确了承担预防和治理工作的主体及其职责，综合运用法律、经济、行政、科技等手段，加强源头治理，依法建立健全科学高效的有组织犯罪预防和治理体系。二是规定了一般预防措施与特殊预防措施。草案明确了宣传教育、基层组织预防、行业监管等一般预防措施。同时，针对国内外有组织犯罪的发展态势和跨境有组织犯罪的危害性，强调对境外黑社会组织入境渗透、发展的严格防控。三是规定了相关法律责任。

草案明确了具有防范义务的责任主体未尽职责时应承担的责任，明确单位和个人报案、控告、举报和救济的权利。同时，对部分危害较轻的行为，不作为犯罪处理，以实现分化瓦解、教育挽救的目的。

（二）规范情报线索处置、案件办理机制

一是确立了线索统一归口管理模式。规定核查阶段可对嫌疑财产采取紧急处置措施，对重点嫌疑人可限制出入境。同时，充分考虑保障当事人合法权益不受侵害，对相关措施设置了严格的审批程序。二是充分体现了从严打击有组织犯罪的要求。规定了软暴力手段认

定、侦查措施授权、证据综合运用、特殊组织成员处理、财产刑适用等内容。为多举措降低再犯可能性，规定了减刑、假释的从严控制要求，将财产刑执行情况和配合处置涉案财产情况与减刑、假释挂钩，并对从业禁止、异地服刑、社区矫正等作了专门规定。三是规定了国际合作。规定了合作原则、合作部门及合作中取得证据材料的效力问题。

（四）固化“打财断血”“打伞破网”经验做法

一是规定了涉案财产调查相关制度。规定在侦查起诉阶段，应当全面调查涉案财产状况，金融机构等有关单位应当在法定时限内协助配合；在审判阶段，人民法院应当准确认定涉案财产权属性质。二是规定了对涉案财产的处理措施。规定办案单位对涉案财产可以采取价值认定、保管、先行处置、移送、提出处理建议等措施；人民法院经审理，可以对涉案财产、第三人取得的涉案财物或其他等值财产分别作出返还、追缴、没收等判决。三是规定了对国家工作人员涉有组织犯罪的查处。将查办国家工作人员涉有组织犯罪明确为反有组织犯罪工作重点，构建国家工作人员涉有组织犯罪线索移送制度，明确从重处罚和从重处分情形；对于针对从事反有组织犯罪工作的执法、司法人员的举报，规定审慎原则，对匿名举报可以不予受理，对诬告陷害从严处理等制度。

（五）明确相关保障制度

一是规定了组织保障。规定公安机关和有关部门应当建立反有组织犯罪工作专门机构，提升反有组织犯罪工作能力。二是规定了制度保障。规定对证人、鉴定人、被害人和报案人、控告人、举报人的特殊保护制度。三是规定了物质保障。规定县级以上地方各级人民政府应当按照事权划分，将反有组织犯罪工作经费列入财政预算，给予必要的经费支持。

反有组织犯罪法（草案）和以上说明是否妥当，请审议。

全国人民代表大会宪法和法律委员会关于《中华人民共和国反有组织犯罪法（草案）》修改情况的汇报

——2021年8月17日在第十三届全国人民代表大会常务委员会第三十次会议上

全国人大宪法和法律委员会副主任委员
周光权

全国人民代表大会常务委员会：

常委会第二十四次会议对反有组织

犯罪法（草案）进行了初次审议。会后，法制工作委员会将草案印发各省、自治区、直辖市人大常委会、中央有关部门及部分高等院校、研究机构、基层立法联系点征求意见，在中国人大网全文公布草案，征求社会公众意见。宪法和法律委员会、法制工作委员会还到一些地方进行调研，并就草案的有关问题与中央纪委国家监委、中央政法委、最高人民法院、最高人民检察院、公安部、国家安全部、司法部等部门交换意见，共同研究。宪法和法律委员会于7月16日召开会议，根据常委会组成人员的审议意见和各方面意见，对草案进行了逐条审议。中央政法委、公安部有关负责同志列席了会议。7月28日，宪法和法律委员会召开会议，再次进行了审议。现将反有组织犯罪法（草案）主要问题的修改情况汇报如下：

一、草案第二条中规定了有组织犯罪和恶势力组织的概念。有的常委委员、地方和部门提出，草案关于恶势力组织概念的界定，与扫黑除恶专项斗争中的有关指导意见和实践中掌握的标准不尽一致，可能导致将恶势力犯罪泛化到一般的团伙犯罪，打击面过大。同时，有组织犯罪的概念应明确与境外黑社会组织有所区别，并处理好对境外黑社会组织的法律适用问题。宪法和法律委员会经研究，建议作出以下修改：一是，根据专项斗争的实践经验，在恶势力组织的概念中增加“在一定区域或者行业领域内”“扰乱经济、社会生活秩序，造成较为恶劣的社会影响”的特征条件。二是，增加一款，明确境外黑社会组织在我国境内发展组织成员、实施犯罪，以及在境外对我国国家或者公民实施犯罪的，适用本法。

二、草案第三条中对构建具有中国特色的打击、防范、治理有组织犯罪制度作了规定。第十条中规定，有关国家机关共同履行有组织犯罪预防和治理工作职责。有的地方和部门建议总结扫黑除恶专项斗争经验，在草案中增加建立健全反有组织犯罪工作机制、将有组织犯罪预防和治理工作纳入考评体系的规定。宪法和法律委员会经研究，建议采纳这一意见。

三、草案第十三条规定了教育部门防范有组织犯罪的职责。有的常委会组成人员、地方和部门建议进一步完善涉及未成年人的反有组织犯罪工作的规定。宪法和法律委员会经研究，建议作出以下修改：一是，完善学校的防范职责和报告义务。二是，增加有关部门对未成年人开展反有组织犯罪宣传教育的规定。三是，规定对涉及未成年人的有组织犯罪活动依法从重追究刑事责任等。

四、草案第四十六条规定，对于不

宜查封、扣押、冻结的经营性财产，公安机关、人民检察院、人民法院可以报请同级人民政府指定有关部门或者委托有关机构代管或者托管。草案第五十二条对应当追缴、没收的财产转移到第三人后应当依法追缴的情形作了规定。有的地方、部门提出，涉案财产代管、托管涉及财产权益处置，属于民事法律制度调整的范围，现行民事、公司法律中没有相关基础性规定；实践中的情况比较复杂，各地做法不尽相同，对于代管、托管双方的权利义务以及造成损失的后果承担、法律责任等问题存在不同认识，目前难以在法律中作出统一规定。同时，第三人善意取得涉案财物是否追缴的问题比较复杂，涉及被害人和善意第三人财产的合理处置，各方面还存在不同认识，从案件处理的政治和社会效果考量，目前根据实际情况灵活处理较为妥当。宪法和法律委员会经研究，建议本法对上述两个问题暂不作规定，可在实践中进一步探索，待取得成熟经验后再在法律中规定。

五、草案第五十条第五项中规定，确实无法查清涉案财产权属，但有证据证明涉案财产与有组织犯罪存在关联，被告人无法说明财产合法来源的，应当予以没收。有的地方和部门提出，这有利于实现“打财断血”，铲除有组织犯罪的经济基础。但对这种犯罪组织及其成员的财产，还是应尽力查清其状况，并在本法中对证明涉案财产与有组织犯罪存在关联的证据标准作出明确规定，防止造成滥用。宪法和法律委员会经研究，建议：一是，吸收有的地方的成功经验，增加规定办理有组织犯罪案件，办案机关可以全面调查该犯罪组织及其成员的财产状况。二是，参照联合国打击跨国有组织犯罪公约，吸收有关司法解释的规定，将草案第五十条第五项有关规定修改为：被告人实施黑社会性质组织犯罪的定罪量刑事实已经查清，有足够的证据证明其在犯罪期间获得的财产高度可能属于黑社会性质组织犯罪的违法所得及其孳息、收益，被告人无法说明财产合法来源的，应当依法予以追缴、没收。

六、有的常委委员、地方、部门和社会公众建议增加保障涉案个人和单位合法权益的内容。宪法和法律委员会经研究，建议与刑事诉讼法等相衔接，作出以下修改：一是，对因犯组织、领导黑社会性质组织罪被判处刑罚的刑满释放人员的个人财产及日常活动报告制度的审批，由县级以上公安机关审批修改为设区的市级以上公安机关审批。二是，增加对有组织犯罪的犯罪嫌疑人、被告人适用认罪认罚从宽制度的规定。三是，增加对犯罪嫌疑人、被告人采取异地羁押、分别羁押或者单独羁押等措施依法通知其家属和辩护人的规定。四是，明确公安机关采取技术侦查、控制下交付等措施应当依照刑事诉讼法的规定进行。五是，增加规定涉案财物处置应当严格依照法定条件和程序进行，依法保护公民和组织的合法财产权益。六是，明确涉案财物处置应当保障利害关系人的有关诉讼权利。七是，进一步完善对证人、鉴定人、被害人、举报人等的保护措施。

七、有的地方、部门和社会公众提出，对国家工作人员涉有组织犯罪的违法犯罪行为应当从重处罚，建议根据刑法等法律规定，在本法中作出明确规定，便于司法实践中掌握。宪法和法律委员会经研究，建议进一步明确有关违法和犯罪行为的类型，完善有关法律责任的规定。

此外，还对草案作了一些文字修改。

草案二次审议稿已按上述意见作了修改，宪法和法律委员会建议提请本次常委会会议继续审议。

草案二次审议稿和以上汇报是否妥当，请审议。

全国人民代表大会宪法和法律委员会关于《中华人民共和国反有组织犯罪法（草案）》审议结果的报告

——2021 年 12 月 20 日在第十三届全国人民代表大会常务委员会第三十二次会议上

全国人大宪法和法律委员会副主任委员
周光权

全国人民代表大会常务委员会：

常委会第三十次会议对反有组织犯

罪法（草案）进行了二次审议。会后，宪法和法律委员会、法制工作委员会联合召开座谈会，听取中央有关部门、全国人大代表和有关专家学者的意见。法制工作委员会在中国人大网全文公布草案，再次征求社会公众意见；到一些地方进行调研，并就草案有关问题与中央政法委、公安部等部门交换意见，共同研究。宪法和法律委员会于 11 月 10 日召开会议，根据委员长会议精神、常委会组成人员审议意见和各方面的意见，对草案进行了逐条审议。中央政法委、公安部有关负责同志列席了会议。11 月 30 日，宪法和法律委员会召开会议，再次进行了审议。宪法和法律委员会认为，贯彻落实党中央关于扫黑除恶常态化的决策部署，总结扫黑除恶专项斗争的实践经验，制定反有组织犯罪法，是必要的。草案经过两次审议修改，已经比较成熟。同时，提出以下主要修改意见：

一、草案二次审议稿第十一条规定，民政部门应当会同有关部门对村民委员会、居民委员会成员候选人资格进行审查，发现有组织犯罪线索的，应当及时移送公安机关。有的常委委员和部门提出，对“两委”候选人资格进行审查，是为了防止黑恶势力向基层组织渗透，审查中发现因实施有组织犯罪受过刑事处罚的，应当作出处理。宪法和法律委员会经研究，建议根据党中央加强基层组织建设、防范和整治“村霸”的有关文件精神，增加规定，发现因实施有组织犯罪受过刑事处罚的，应当依照有关规定及时作出处理。

二、草案二次审议稿第十二条第一款规定，教育行政部门、学校应当会同有关部门建立防范有组织犯罪侵害校园工作机制，加强反有组织犯罪宣传教育，增强未成年人防范有组织犯罪的意识和能力，教育引导未成年人自觉抵制有组织犯罪，防范有组织犯罪的侵害。有的常委委员、专家学者和社会公众提出，在校学生无论是否成年，都应当加强对他们的反有组织犯罪教育。宪法和法律委员会经研究，建议将上述规定中的“未成年人”修改为“学生”。

三、草案二次审议稿第四十条规定了查封、扣押、冻结、处置涉案财物的程序和规范，第六十九条规定了对尚不构成犯罪的涉黑涉恶违法行为的行政处罚。有的地方建议增加对被害人的合法财产应当及时返还和对违法所得应当予以没收的规定。宪法和法律委员会经研究，建议采纳上述意见。

四、草案二次审议稿第七十条规定，违反本法第十九条规定的报告制度的，由公安机关给予警告，并责令改正；拒不改正的，处三万元以下罚款。有的常委委员和部门提出，草案二次审议稿规定的处罚力度不够，建议对拒不改正的，增加拘留的处罚措施。宪法和法律委员会经研究，对于拒不改正的，建议增加规定五日以上十日以下拘留。

此外，还对草案二次审议稿作了一些文字修改。

12 月 3 日，法制工作委员会召开会议，邀请部分全国人大代表、专家学者和基层政法部门、村民委员会、律师等方面的代表，就草案中主要制度规范的可行性、法律出台时机、法律实施的社会效果和可能出现的问题等进行评估。与会人员普遍认为，草案深入贯彻落实党中央决策部署，坚持从国情和实际出发，坚持法治思维和问题导向，系统总结扫黑除恶斗争的实践经验，突出预防和惩治的要求，明确了一系列的重要制度措施，对于保障在法治轨道上常态化开展扫黑除恶工作，建设更高水平的平安中国、法治中国，具有重要意义。草案经过修改，充分吸收了各方面意见，制度设计更加合理，具有较强的针对性和可操作性，已经比较成熟，建议尽快审议通过。与会人员还对草案提出了一些具体修改意见，宪法和法律委员会对有的意见已经采纳。

草案三次审议稿已按上述意见作了修改，宪法和法律委员会建议提请本次常委会会议审议通过。

草案三次审议稿和以上报告是否妥当，请审议。

全国人民代表大会宪法和法律委员会关于《中华人民共和国反有组织犯罪法（草案三次审议稿）》修改意见的报告

——2021 年 12 月 24 日在第十三届全国人民代表大会常务委员会第三十二次会议上

全国人民代表大会常务委员会：

本次常委会会议于 12 月 21 日上午

对反有组织犯罪法（草案三次审议稿）进行了分组审议。普遍认为，草案已经比较成熟，建议进一步修改后，提请本次常委会会议表决通过。同时，有些常委会组成人员和列席人员还提出了一些修改意见和建议。宪法和法律委员会于12月21日晚召开会议，逐条研究了常委会组成人员和列席人员的审议意见，对草案进行了审议。中央政法委有关负责同志列席了会议。宪法和法律委员会认为，草案是可行的，同时，提出以下修改意见：

一、草案三次审议稿第二十二条第二款中规定，对于有组织犯罪的组织者、领导者和骨干成员，应当严格掌握取保候审、不起诉、缓刑、减刑、假释和暂予监外执行的适用条件，充分适用剥夺政治权利、没收财产等刑罚。有的常委委员提出，根据刑法有关规定，对有组织犯罪的罪犯还可以适用罚金刑，建议予以明确。宪法和法律委员会经研究，建议增加适用罚金刑的规定。

二、草案三次审议稿第七十一条规定了对金融机构等相关单位未依照本法规定协助公安机关采取紧急止付、临时冻结措施的处罚。有的常委委员提出，对于这类不配合执法的行为，应当先由公安机关责令改正，对拒不改正的再予以处罚，并增加公安机关对有关责任人员建议主管部门给予处分的规定。宪法和法律委员会经研究，建议采纳这一意见。

经与有关部门研究，建议将本法的施行时间确定为2022年5月1日。

此外，根据常委会组成人员的审议意见，还对草案三次审议稿作了一些文字修改。

草案修改稿已按上述意见作了修改，宪法和法律委员会建议本次常委会会议审议通过。

草案修改稿和以上报告是否妥当，请审议。

全国扫黑办印发通知

要求切实抓好《反有组织犯罪法》贯彻实施工作

2021年12月24日，第十三届全国人民代表大会常务委员会第三十二次会议审议通过《反有组织犯罪法》。同日，国家主席习近平签署第一〇一号主席令予以公布，于2022年5月1日起正式实施。为此，全国扫黑办专门印发通知，要求各省（区、市）和新疆生产建设兵团扫黑除恶斗争领导小组及办公室、全国扫黑除恶斗争领导小组各成员单位切实抓好《反有组织犯罪法》贯彻实施工作，依法严惩涉黑涉恶违法犯罪，推动常态化扫黑除恶斗争深入开展，为党的二十大胜利召开创造安全稳定的政治社会环境。

通知强调，制定颁布实施《反有组织犯罪法》，是常态化开展扫黑除恶斗争的必然要求，是党中央开展扫黑除恶斗争的标志性成果，是构建中国特色反有组织犯罪制度的成功探索和伟大实践，有利于健全完善以法律、立法解释、司法解释等多种形式相互衔接配套的反有组织犯罪法律体系，更好运用法治思维和法治方式打击黑恶势力，确保扫黑除恶斗争始终在法治轨道上向前推进；有利于进一步健全行业领域涉黑涉恶违法犯罪防控体系，汇聚全社会共防共治的强大力量，从源头上预防减少黑恶势力滋生蔓延；有利于进一步强化执法司法机关的法治意识、人权意识、证据意识、程序意识和自觉监督意识，努力让人民群众在每一起扫黑除恶案件中感受到公平正义。各地和各成员单位要从提高社会治理现代化能力和水平，建设更高水平的平安中国、法治中国，巩固共产党长期执政地位、确保国家长治久安、保障人民安居乐业的高度，深刻认识制定《反有组织犯罪法》的重要性，将学习、宣传、贯彻、实施《反有组织犯罪法》，作为当前和今后一个时期的重要任务抓实抓好。

通知指出，《反有组织犯罪法》以《宪法》为依据，在遵守《刑法》《刑事诉讼法》等刑事法律规范体系完整性前提下，适应新形势、新任务，对反有组织犯罪法律制度进行了完善和创新，将三年扫黑除恶专项斗争的工作机制和成功做法通过法律的形式固定下来，明确了有组织犯罪的法律概念，建立了有组织犯罪预防制度，完善了有组织犯罪案件办理机制，规范了有组织犯罪涉案财产处置规定，健全了有组织犯罪法律责任体系，实现了扫黑除恶长效常治机制成型入轨。各地和各成员单位在贯彻实施过程中，要组织相关工作人员逐条认真学习《反有组织犯罪法》主要内容，深刻理解条文内涵精髓，贯彻落实宽严相济刑事政策，真正做到依法依规、宽严有据、罚当其罪，提升运用法律武器打击、防范黑恶犯罪的能力水平。

通知要求，各地和各成员单位要分层分级统筹开展有针对性的系统化、专业化培训，教育引导社会各界充分认识制定和实施《反有组织犯罪法》的重大意义，在党委和政府统一领导下，落实普法责任制，列入“八五”普法责任清单，充分利用主流媒体、网站、新媒体等平台，开辟《反有组织犯罪法》宣传周专题、专栏，通过组织讲师团宣讲、专家学者访谈、知识竞赛、开设宣传橱窗等，广泛宣传解读《反有组织犯罪法》，提高全社会知晓度，不断增强人民群众运用法律与黑恶势力作斗争的信心和能力，推动常态化扫黑除恶斗争走深走实，实现城乡更安宁、群众更安乐。

中央政法委秘书长、全国扫黑办主任陈一新强调

深入宣传贯彻《反有组织犯罪法》不断提升常态化扫黑除恶法治化规范化水平[①]

2021 年 12 月 24 日，第十三届全国人大常委会第三十二次会议审议通过的《反有组织犯罪法》，2022 年 5

---

① 2022 年 4 月 28 日，全国扫黑办召开第三次扫黑除恶常态化推进会暨《反有组织犯罪法》宣传贯彻启动仪式，部署启动《反有组织犯罪法》宣传贯彻工作。中央政法委秘书长、全国扫黑办主任陈一新出席会议并讲话。

月 1 日正式施行。要抓好《反有组织犯罪法》的宣传贯彻，推动常态化扫黑除恶沿着法治轨道走深走实，助力建设更高水平的平安中国、法治中国，以实际行动迎接党的二十大胜利召开。

一、认清重要意义

《反有组织犯罪法》是我国第一部专门、系统、完备规范反有组织犯罪工作的法律，是党中央开展扫黑除恶专项斗争的标志性成果，是常态化扫黑除恶的法治保障，是预防和惩治黑恶犯罪的“法宝”和“利剑”，抓好宣传贯彻意义重大。

（一）宣传贯彻《反有组织犯罪法》是政治任务

以习近平同志为核心的党中央对《反有组织犯罪法》立法、执法、普法等工作高度重视，明确《反有组织犯罪法》颁布后要做好宣传贯彻。要认真贯彻落实党中央决策部署，进一步提升政治站位，扎实开展好宣传贯彻，切实提高全社会运用法治思维、法治方式预防和打击有组织犯罪的能力。

（二）宣传贯彻《反有组织犯罪法》是实事工程

全国扫黑办已将宣传贯彻《反有组织犯罪法》列为2022年常态化扫

黑除恶“十件实事”的第一件实事。要把宣传贯彻工作作为2022年常态化扫黑除恶的牵引，迅速掀起宣传贯彻热潮，动员全社会打好反有组织犯罪法律战，依法严惩各类黑恶势力违法犯罪，让城乡更安宁、群众更安乐。

（三）宣传贯彻《反有组织犯罪法》是基础工作

《反有组织犯罪法》系统总结了扫黑除恶专项斗争的成功经验，将具有中国特色和显著优越性的领导体制、办案机制等以法律形式固化下来，这是开展反有组织犯罪工作的基础和保障。要把宣传教育贯穿到反有组织犯罪工作中去，不断提升常态化扫黑除恶法治化、规范化水平。

（四）宣传贯彻《反有组织犯罪法》是应尽职责

《反有组织犯罪法》明确承担有组织犯罪预防和治理职责的部门应当开展宣传教育，增强公民的反有组织犯罪意识和能力。举行宣传贯彻启动仪式，就是要动员各地各有关部门迅速行动起来，推动《反有组织犯罪法》宣传贯彻深入开展。

二、把握总体要求

通过扎实有效的《反有组织犯罪法》宣传贯彻，推动常态化扫黑除恶在法治轨道上行稳致远，取得明显的政治效果、法律效果和社会效果。

（一）实现良好的政治效果

扫黑除恶斗争扫除的是黑恶势力，赢得的是党心民心，夯实的是执政根基。要通过宣传贯彻《反有组织犯罪法》，依法严惩黑恶势力违法犯罪活动，防止黑恶势力向基层群众自治组织、基层政权机关渗透，严防国家工作人员充当黑恶势力“保护伞”，大力营造风清气正的政治环境。

（二）实现良好的法律效果

《反有组织犯罪法》坚持从我国国情和实际出发，坚持法治思维和问题导向，明确了相关法律概念和法律适用、案件办理机制、涉案财产处置规定等，有利于依法精准严惩黑恶势力违法犯罪。要通过宣传贯彻《反有组织犯罪法》，提升依法、准确、及时打击黑恶势力违法犯罪的能力水平，确保每一起案件都经得起法律、历史和人民的检验，努力营造公平正义的法治环境。

（三）实现良好的社会效果

《反有组织犯罪法》立足源头治理、系统治理，对有组织犯罪预防和治理工作任务作出了明确规定。要通过宣传贯彻《反有组织犯罪法》，进一步增强打防一体化的思想和行动自觉，健全完善涉黑涉恶违法犯罪防控体系，努力营造国泰民安的社会环境，不断增强人民群众的获得感、幸福感、安全感。

三、领会核心要义

《反有组织犯罪法》内容丰富、要求明确、体系完备。要系统把握立法精神、逻辑结构、条文内涵，确保准确适用。

（一）领会主题主线

《反有组织犯罪法》以《宪法》为依据，认真贯彻落实中共中央办公厅、国务院办公厅《关于常态化开展扫黑除恶斗争巩固专项斗争成果的意见》，突出预防和惩治有组织犯罪，加强和规范反有组织犯罪工作，维护国家安全、社会秩序、经济秩序，保护公民和组织合法权益的主题主线；构建了以总则、预防和治理、案件办理、涉案财产认定和处置等为主要内容的章节框架，形成了反有组织犯罪工作的严密体系。在宣传贯彻时要把握好主题主线，阐释清章节逻辑、条文法理，做到纲举目张。

（二）领会惩防并举原则

《反有组织犯罪法》围绕有效预防和惩治有组织犯罪工作展开，明确在依法严惩有组织犯罪的同时，要坚持专门工作与群众路线相结合、坚持专项治理与系统治理相结合、坚持与反腐败相结合、坚持与加强基层组织建设相结合，做到惩防并举、标本兼治。在宣传贯彻时要强化系统观念，牢牢把握惩防并举原则，加深对政法各单位与有关职能部门全链条打击、一体化治理等章节条款的理解。

（三）领会重点焦点内容

《反有组织犯罪法》对执法司法办案过程中的软暴力认定标准、“打伞破网”等重点问题作出了明确规定；对社会普遍关注的既依法严惩黑恶势力违法犯罪又保护涉案未成年人合法权益、既“打财断血”又保护涉案企业合法经营等焦点问题，以专门条款进行了明晰规范。在宣传贯彻时，要直面办案人员和广大人民群众的关切，准确运用立法原意来阐释回应。

（四）领会明责追责要求

《反有组织犯罪法》明确要建立健全反有组织犯罪工作机制，对监察机关、政法各单位以及有关行业主管部门在反有组织犯罪工作中应当承担的职责作出了具体规定，也对因失职失责，情节严重或造成不良法律后果应当承担的法律责任予以明确。在宣传贯彻时，要把明责追责的内容和要求讲到位，推动各地各有关部门增强做好反有组织犯罪工作的积极性主动性，形成齐抓共管的工作格局。

四、聚焦主要对象

要按照“精准普法”要求，在全面覆盖的同时分类施策，努力提升不同群体法治素养、满足不同群体法治需求，切实增强宣传贯彻的针对性、实效性。

（一）聚焦国家工作人员

黑恶势力猖獗，很大程度源于背后有公职人员站台撑腰；依法精准打击和惩治有组织犯罪，迫切需要更有力的法律作武器。要加强对国家工作人员的宣传教育，进一步筑牢反有组织犯罪的法律防线，增强对黑恶势力围猎的“免疫力”。要加强对政法干警的宣传教育，帮助明晰执法司法边界，提升精准打击、有效防范黑恶势力违法犯罪的能力。

（二）聚焦基层群众

基层群众是黑恶势力容易侵犯的对象，也是扫黑除恶斗争的力量源泉。要通过普法宣传，增强广大群众守法意识，自觉与黑恶势力划清界线；要通过普法宣传，提升广大群众依法维护自身权益、防止遭受有组织犯罪侵害的能力，提升广大群众发现、辨别黑恶势力能力，积极举报黑恶势力违法犯罪行为，协助配合政法机关依法惩治有组织犯罪。

（三）聚焦青少年学生

青少年学生世界观、人生观、价值观还没有成熟定型，容易受到黑恶势力教唆、诱骗、利用。要推动各级各类学校做好《反有组织犯罪法》宣传教育工作，促进青少年学生尊法学法守法用法，帮助他们扣好人生的“第一粒扣子”。

（四）聚焦市场主体

从近几年司法实践看，许多被打掉的涉黑涉恶组织是以企业、合作社等合法市场主体作掩护。要加强对各类市场主体特别是涉矿产资源、工程建设、经营放贷等行业领域市场主体的普法宣传，帮助其提升依法管理、依法经营、遇事找法、解决矛盾靠法的意识，防止利用非法手段摆平经营发展中的问题。

五、创新方法举措

《反有组织犯罪法》专业性很强，要在全社会宣传推广开来，让广大人民群众主动学、熟练用，就要创新方式方法，营造宣传贯彻的浓厚氛围。

（一）抓好专题培训

全国扫黑办将会同全国人大常委会法工委、中央政法各单位适时举办《反有组织犯罪法》宣传贯彻视频培训班，对省市县三级扫黑除恶斗争领导小组成员单位有关人员和办案干警进行专题培训，推动学以致用。各地各有关部门也要组织形式多样的培训，以点带面，引领全社会掀起宣传贯彻热潮。

（二）加强社会面宣传

中央政法媒体要开辟专题专栏，深入宣传解读《反有组织犯罪法》。各地各有关部门也要利用媒体广泛开展宣传贯彻，形成强大声势。要通过开展线上专题知识竞赛、举办专场报告会，创作展播一批高质量普法剧、动漫、微视频等多种形式，推动宣传贯彻有声有色、高潮迭起。

（三）突出以案释法

全国扫黑办要会同中央政法各单

位，通过编写《反有组织犯罪法》辅导读物、发布典型案例等方式，推动以案释法。各地各有关部门要通过组织基层党员干部、企业经营人员参加庭审旁听等形式，以身边案教育警示身边人。

（四）注重以情动人

要宣传黑恶势力犯罪行为的危害性，增强人民群众运用法律武器保护自身合法权益的主动性，变“要我学”为“我要学”。要宣传运用《反有组织犯罪法》打击黑恶势力违法犯罪的精准性、有效性，形成强大震慑。要贴近群众，用群众听得懂、传得开的语言，送法进企业、进社区、进校园、进乡村，增强宣传吸引力，提高普法知晓度。

六、强化工作保障

宣传贯彻《反有组织犯罪法》是一项系统工作，全国扫黑办要发挥牵头抓总、协调推进作用，推动各地各有关部门高度重视、精心组织好宣传贯彻工作。

（一）加强组织领导

全国扫黑办和全国扫黑除恶斗争领导小组成员单位要对照印发的《〈反有组织犯罪法〉贯彻实施方案》，排出时间表，逐项抓好贯彻落实。要推动各级党委将宣传贯彻《反有组织犯罪法》作为重要工作，纳入党委（党组）理论中心组学习内容，作为领导干部年度述法重要内容，加强组织、制度和物质保障，确保宣传贯彻落实到位。各级扫黑办也要创新方式，积极开展宣传贯彻活动。

（二）加强协同配合

要加强与全国普法办的联系，及时掌握《反有组织犯罪法》在“八五”普法教育中的阶段性成效。要加强与全国扫黑除恶斗争领导小组成员单位的联系，及时总结宣传普法工作的好经验好做法。要加强与各省级扫黑办的联系，通过情况通报、编发简报等形式，营造比学赶超浓厚氛围。

（三）加强督导考评

要把宣传贯彻工作纳入平安中国建设考评体系，作为2022年常态化扫黑除恶年度考评、全国扫黑办特派督导等重要内容，进一步压实属地责任。

附　　录

中共中央办公厅　国务院办公厅印发《意见》

对常态化开展扫黑除恶斗争作出安排部署

2021年5月，中共中央办公厅、国务院办公厅印发了《关于常态化开展扫黑除恶斗争巩固专项斗争成果的意见》（以下简称《意见》），对常态化开展扫黑除恶斗争作出安排部署。

《意见》指出，要坚持以习近平新时代中国特色社会主义思想为指导，全面贯彻党的十九大和十九届二中、三中、四中、五中全会精神，牢固树立以人民为中心的发展思想，加强系统治理、依法治理、综合治理、源头治理，持续保持对黑恶势力违法犯罪的高压态势，形成有效震慑。坚持网上与网下相结合，准确掌握涉黑涉恶犯罪新动向，不断加强行业领域监管和专项整治，与反腐“拍蝇”、加强基层组织建设结合起来，不断完善党委领导、政府负责、民主协商、社会协同、公众参与、法治保障、科技支撑的社会治理体系，加快推进市域社会治理现代化，不断健全以人民群众获得感、幸福感、安全感为导向的评价体系，持续提高扫黑除恶法治化、规范化、专业化水平，切实巩固党的执政基础，确保人民安居乐业、社会安定有序、国家长治久安，为坚持和完善中国特色社会主义制度、推进国家治理体系和治理能力现代化奠定坚实基础。

《意见》提出，建立健全源头治理的防范整治机制。持续开展专项整治，全面加强行业领域监管，重点对金融放贷、工程建设、交通运输、市场流通、自然资源、生态环境、文化旅游、教育卫生、信息网络和社会治安等行业领域存在的突出问题和乱象进行标本兼治，不断夯实基层组织，持续防范和整治"村霸"等黑恶势力干扰侵蚀、家族宗族势力影响严重等问题。建立健全智能公开的举报奖励机制。畅通线索举报渠道，实行全国扫黑办12337智能化举报平台常态化运行，对群众举报的涉黑涉恶线索统一分流转办，实行分级核查和上级复核办结制，建立省市县举报线索核查三级联动机制，加强总体形势研判。建立健全打早打小的依法惩处机制。通过大数据、云计算等深入分析研究涉黑涉恶犯罪新动向，从重点人员、重点场所、重点领域等排查研判涉黑涉恶线索，坚持露头就打、消除后患，加强日常监督，强化纪法协同，严格执行法律法规及相关司法解释、规范性文件等，依法保护民营企业合法权益，确保扫黑除恶斗争始终在法治轨道上运行。

建立健全精准有效的督导督办机制。中央定期开展扫黑除恶督导督查，省市县三级联动开展督导督查，全国扫黑办每年挂牌督办一批涉黑涉恶大案要案，保留全国扫黑办特派督导专员队伍并持续优化结构，省市县三级结合实际组建特派督导专员队伍，机动式开展特派督导，及时发现问题、解决问题，持续改进督导督办方式方法，让广大基层干部把更多精力投入到一线工作中。**建立健全激励约束的考核评价机制。**将扫黑除恶斗争纳入平安中国建设考评体系，作为平安中国建设评选表彰的重要依据，对成绩突出的地区、单位和个人进行通报表扬，对不敢打、不真打、不深打的后进地方重点通报督办，倾听群众评价，致力问效于民，推动建立健全黑恶势力违法犯罪问责倒查机制。**建立健全持续推进的组织领导机制。**参照原有全国扫黑除恶专项斗争领导小组组成和分工，中央成立全国扫黑除恶斗争领导小组及其办公室，各级党委和有关部门保留相应领导和办事机构，把扫黑除恶斗争纳入经济社会发展全局谋划推进，加强综合保障，强化专业队伍，加强正面宣传，增强人民群众运用法律与黑恶势力作斗争的信心和能力。

《意见》强调，各地党政主要负责同志是扫黑除恶斗争第一责任人，要亲自研究部署，勇于担当、敢于碰硬，旗帜鲜明支持扫黑除恶斗争，为政法机关依法办案和有关部门依法履职、深挖彻查“保护伞”排除阻力、提供有力支持。各级政法机关主要负责同志是扫黑除恶斗争直接责任人，上级政法机关要加强对下一级扫黑除恶斗争的督导检查，强化指导协调和支持帮助，确保各项工作方向正确、落到实处。各行业各领域监管部门主要负责同志是本行业本领域治理的第一责任人，对行业领域治理要全程领导、全面把关，推动完善落实行业领域相关规章制度，对发现的问题要一查到底、绝不姑息，严肃依规依纪依法追究责任，坚决防止行业领域乱象演化成涉黑涉恶问题。

全国扫黑办有关负责人解读《意见》

确保人民安居乐业、社会安定有序、国家长治久安

2021年5月，中共中央办公厅、国务院办公厅印发了《关于常态化开展扫黑除恶斗争巩固专项斗争成果的意见》(以下简称《意见》)。为什么要出台《意见》？它有哪些主要内容？对于推进扫黑除恶斗争常态化机制化、建设更高水平的平安中国有什么积极意义？新华社记者就此专访了全国扫黑办有关负责人。

问：请介绍一下制定出台《意见》的背景。

答：党的十九大以来，在以习近平同志为核心的党中央坚强领导下，各地区各有关部门认真贯彻党中央决策部署，采取切实有效措施，推动扫黑除恶专项斗争环环相扣、深入开展，重视程度之高、推进力度之大、取得效果之好前所未有，成为最得人心的大事之一。实践充分证明，党中央关于开展扫黑除恶专项斗争的决策部署是完全正确的。

同时要清醒地看到，当前国际环境错综复杂，我国社会主要矛盾发生变化，黑恶势力违法犯罪组织形态、方式手段呈现新变化、新特征，有的黑恶势力隐身蛰伏、变异升级，彻底铲除黑恶势力是一项长期艰巨的任务。对黑恶势力违法犯罪问题一旦发现就要出手铲除，与黑恶势力斗争到底，务求实现长效常治。

问：起草《意见》的总体思路和过程？

答：我们在会同有关部门起草文件时，主要有以下几点考虑。

一是认真贯彻党中央精神。把以习近平同志为核心的党中央关于常态化开展扫黑除恶斗争的重要精神作为根本遵循，主动对标对表，指导推动扫黑除恶斗争常态化深入开展。二是坚持党的领导。充分发挥党总揽全局、协调各方的作用，把党的领导贯穿到扫黑除恶斗争各方面和全过程，为常态化开展扫黑除恶斗争提供根本保证。三是坚持以人民为中心。以保障人民根本利益为出发点和落脚点，发动群众参与，接受群众监督，健全以人民群众的获得感、幸福感、安全感为导向的评价体系，真正做到听民意、解民忧、惠民生。四是坚持依法推进。充分运用法治思维和法治方式，健全扫黑除恶相关法律制度，开展普法宣传教育，严格执行相关法律规定，确保扫黑除恶斗争始终在法治轨道上运行。五是坚持系统集成。总结扫黑除恶专项斗争创新的行之有效做法和积累的宝贵经验，及时上升为制度规范，形成防范黑恶势力卷土重来的长效机制。

这个文件的起草过程历时半年多。2020 年 4 月，全国扫黑办组建工作专班，在广泛调研的基础上起草形成了征求意见稿，多次征求全国扫黑除恶专项斗争领导小组各成员单位和各省级扫黑办意见，并结合全国扫黑办领导同志蹲点带片调研进一步听取基层意见。全国扫黑除恶专项斗争领导小组会议讨论通过后，按程序报请以中共中央办公厅、国务院办公厅名义印发实施。

问：《意见》的主要内容？

答：《意见》首先明确了总体要求，即坚持以习近平新时代中国特色社会主义思想为指导，全面贯彻党的十九大和十九届二中、三中、四中、五中全会精神，牢固树立以人民为中心的发展思想，加强系统治理、依法治理、综合治理、源头治理，持续保持对黑恶势力违法犯罪的高压态势，形成有效震慑。坚持网上与网下相结合，准确掌握涉黑涉恶犯罪新动向，不断加强行业领域监管和专项整治，与反腐“拍蝇”、加强基层组织建设结合起来，不断完善党委领导、政府负责、民主协商、社会协同、公众参与、法治保障、科技支撑的社会治理体系，加快推进市域社会治理现代化，不断健全以人民群众的获得感、幸福感、安全感为导向的评价体系，持续提高扫黑除恶法治化、规范化、专业化水平，切实巩固党的执政基础，确保人民安居乐业、社会安定有序、国家长治久安，为坚持和完善中国特色社会主义制度、推进国家治理体系和治理能力现代化奠定坚实基础。

《意见》围绕常态化开展扫黑除恶斗争，着重提出要建立健全六个方面的机制。

第一，建立健全源头治理的防范整治机制。从改革开放以来同黑恶势力的斗争历史看，必须把源头治理作为治本之策，对行业领域和农村地区持续强力整治，让黑恶势力无处生根。《意见》明确提出，要持续开展专项整治，坚持常态化滚动排查，确定乱象较多的行业领域开展专项整治，切实防范传统行业粗放管理、资源行业非法垄断、娱乐行业藏污纳垢、新兴行业非法野蛮生长等问题。明确要全面加强行业领域监管，纪检监察机关、政法机关与行业领域监管部门加强信息共享和工作联动，对发现的行业乱象问题和监管漏洞及时制发“三书一函”，强化跟踪问效、督办问责，实现全链条打击整治。明确要不断夯实基层组织，每年排查整顿软弱涣散村党组织，全面落实村党组织书记由县级党委组织部门备案管理制度和村“两委”成员资格联审机制，完善村规民约，涵养文明乡风，提升群众防范黑恶势力违法犯罪的能力。

第二，建立健全智能公开的举报奖励机制。人民群众是常态化开展扫黑除恶斗争的力量源泉和坚实后盾。《意见》明确提出，要畅通线索举报渠道，实行全国扫黑办12337智能化举报平台常态化运行，发挥网络新媒体、融媒体宣传作用，结合提高举报奖励标准、严格落实举报人保护措施等，进一步激发群众检举热情。明确要严格线索核查责任，对群众举报的涉黑涉恶线索统一分流转办，实行分级核查和上级复核办结制，常态化开展线索直核、协核，对构成立案标准的及时立案，有其他违法犯罪嫌疑的及时转办，确保线索核查件件有着落、事事有回音。明确要加强总体形势研判，建立省市县举报线索核查三级联动机制，动态掌握进展，定期分类分析，动态跟踪、动态监测，及时准确绘就扫黑除恶“态势图”。

第三，建立健全打早打小的依法惩处机制。专项斗争集中打击已将坐大成势的黑恶势力基本铲除肃清，但这不是一劳永逸的，常态化开展扫黑除恶斗争的重点在于防范新的黑恶势力从无到有、由小变大。《意见》明确提出，要及时发现预警，通过大数据、云计算等深入分析研究涉黑涉恶犯罪新动向，实现发现在早、处置在小，避免坐大成势。明确要保持高压态势，把打击锋芒始终对准群众反映最强烈、最深恶痛绝的各类黑恶势力违法犯罪苗头，坚持露头就打、消除后患。明确要严格依法办案，严格执行法律法规及相关司法解释、规范性文件等，确保扫黑除恶斗争始终在法治轨道上运行。明确要加强日常监督，强化纪法协同，严格落实“两个一律”“一案三查”，建立纪检监察机关与政法机关线索双向移送和重大疑难复杂案件协同推进等工作制度，运用好重点关注、约谈、联合工作组等方式，严肃查处党员干部和公职人员涉黑涉恶违纪违法犯罪问题。

第四，建立健全精准有效的督导督办机制。专项斗争充分证明，督导督办是传导压力、落实责任的关键一招。

《意见》明确提出，要定期开展四级督导，机动开展特派督导，精准开展案件督办，持续改进督导督办方式方法，坚持发挥督导利剑作用。明确中央定期开展扫黑除恶督导督查，省市县三级联动开展督导督查，每年根据工作安排，选派特派督导专员围绕重点案件、重点线索、重点领域、重点地区适时开展特派督导，推动破解重点难点问题。

第五，建立健全激励约束的考核评价机制。常态化开展扫黑除恶斗争要充分发挥考评“指挥棒”作用，健全激励与惩戒并重的责任体系。《意见》明确提出，要加强考评工作，将扫黑除恶斗争纳入平安中国建设考评体系，对成绩突出的地区、单位和个人进行通报表扬，对不敢打、不真打、不深打的后进地方重点通报督办，推动建立健全黑恶势力违法犯罪问责倒查机制。明确要开展表彰奖励，将扫黑除恶斗争情况作为平安中国建设评选表彰的重要依据。明确要倾听群众评价，结合国家统计局专项调查，运用线上问卷、回访举报人、走访受害人及受益人、第三方测评、数据模型、召开人大代表和政协委员座谈会等方式，及时了解人民群众对扫黑除恶的新评价、新需求、新建议。

第六，建立健全持续推进的组织领导机制。坚强有力的组织领导是常态化开展扫黑除恶斗争的重要保障。《意见》

明确提出，要健全领导机构，常态研究部署，加强综合保障，强化专业队伍，加强正面宣传。明确参照原有全国扫黑除恶专项斗争领导小组组成和分工，中央成立全国扫黑除恶斗争领导小组及其办公室，各级党委和有关部门保留相应领导和办事机构，实现常态化运行。